POCKET IMAGES

Ynys Môn
Anglesey

POCKET IMAGES

Ynys Môn
Anglesey

Mike Hitches

NONSUCH

Plas Penmynydd, lle y ganwyd Owen Tudur. Yr oedd ei deulu i gael effaith ddwfn ar ddyfodol Lloegr yn ogystal â Chymru.
Plas Penmynydd, birthplace of Owen Tudur, whose family was to have such a profound effect on the future of England as well as Wales.

First published 1992
This new pocket edition 2007
Images unchanged from first edition

Nonsuch Publishing Limited
Cirencester Road, Chalford,
Stroud, Gloucestershire, GL6 8PE
www.nonsuch-publishing.com

Nonsuch Publishing is an imprint of NPI Media Group

© Mike Hitches, 1992

The right of Mike Hitches to be identified as the Author
of this work has been asserted in accordance with the
Copyrights, Designs and Patents Act 1988.

All rights reserved. No part of this book may be reprinted
or reproduced or utilised in any form or by any electronic,
mechanical or other means, now known or hereafter invented,
including photocopying and recording, or in any information
storage or retrieval system, without the permission in writing
from the Publishers.

British Library Cataloguing in Publication Data.
A catalogue record for this book is available from the British Library.

ISBN 978-1-84588-406-2

Typesetting and origination by NPI Media Group
Printed in Great Britain by Oaklands Book Services

Cynnwys · Contents

	Rhagymadrodd	7
	Introduction	9
1.	*Caergybi*	11
	Holyhead	
2.	*Llangefni*	45
3.	*Beaumaris*	63
4.	*Porthaethwy*	83
	Menai Bridge	
5.	*Amlwch*	101
6.	*Cymdeithasau Bach*	113
	Small Communities	
	Diolchiadau	160
	Acknowledgements	

Rhagymadrodd

Mae Ynys Môn yn ynys sydd yn llawn o ddiddordeb a hanes a mae yn cynnwys trefi pwysyg yn ogystal a phentrefi bach. Y dref fwyaf yw Caergybi, sydd yn enwog fel porthladd i longau i'r Iwerddon a'r rheswm pam adeuladwyd rheilffordd buysyg o Loegr ar hyd arfordir Gogledd Cymru ac ar groes yr ynys. Mae Caergybi ei hunan yn sefyll ar yr Ynys Sanctaidd a mae cysylltiad rhyngddi â'r gweddill o Ynys Môn ar hyd sarn a gafodd ei adeiladu fel rhan o Ffordd Gaergybi Telford yn gynnar yn yr undegnawfed ganrif. Mae'r rheilffordd yn rhedeg dros y sarn, hefyd. Llangefni yw tref y sir a mae yn ganolfan marchnad bwysig i ffermwyr yr ardal. Yn ogystal a'r trefi hyn, mae llawer o gymdeithasau bach ar hyd a lled yr ynys.

Mae economeg y sir wedi ei sefydlu y rhan fwyaf ar ffermio, a mae Ynys Môn wedi cael ei galw yn `Fam Cymru' am dipyn o amser am resymau da, gan fod grawn a gwarcheg a gafodd eu codi ar yr ynys wedi bwydo llawer o fobl ardal fynyddog Gogledd Cymru, lle na ellir cynhyrchi y rhain. Ar hyd y blynyddoedd, mae diwydiannau eraill wedi eu datblygu, fel gwaith chwarel a mwyngloddio. Mae Mynydd Parys wedi cael ei adnabod am amser hir am fwyngloddio copr a mae hyn wedi galluogi pentref Amlwch, sydd gerllaw, i ddatblygu i fod yn borthladd i allforio copr. Yn fwy diweddar, daeth Amlwch yn ben terfynnol pwysig i olew a daeth hyn i lawer o incwm i'r ynys, and mae hwn wedi cau yn ystod y blynyddau diweddaraf sydd wedi mynd heibio. Efallai mae'r diwydiant sydd wedi tyfu fwyaf ar hyd y flynyddoedd diweddaraf, er hynny, yw busnes teithwyr, gyda miloedd o ymwelwyr yn dyfod i lefydd fel Porthaethwy, Beaumaris, Bae'r Glanfa Goch a Benllech. Mae diwyddiannau eraill ar yr ynys yn cynnwys yr Orsaf Trydan Niwcleaidd yn Wylfa sydd yn rhoddi tipyn o waith i fobl yr ardal, Aluminium Ynys Môn yng Nghaergybi, a United Octel yn Amlwch. Hefyd, mae canolfan mawr o lefydd gwneuthuriadol i'w gael tu allan Llangefni.

Mae mynediad i'r ynys o dir mawr Gogledd Cymru yn arferol ar hyd Pont Hongiad Thomas Telford a adeuladwyd yn 1826 fel rhan o ffordd arfordir Gogledd Cymru i Gaergybi. Ar un amser, 'roedd teithwyr rheilffordd yn croesi Afon Menai ar Bont Pubellaidd Britannia, a gafodd ei adeiladu gan Robert Stephenson yn 1850 i ddod a Rheilffordd Caerlleon a Chaergybi (a agorwyd yn 1848) o Fangor yn groes a'r afon i gysylltu a gweddyll y lein yn Llanfair P.G. Pan ddinistriwyd y pibellau yn 1970, codwyd pont `cantilever' i gario un rheilffordd dros yr afon yn lle yr hen bont. I adeiladu'r ffordd fawr A55 yn yr 1980au rhoddwyd dec uwchben y rheilffordd i gymeryd y ffordd newydd i Ynys Môn er mwyn lleihau yr oedi mawr a gafwyd yn aml pan oedd dim ond pont Telford i gario moduron.

Er ei bod yn ynys weddol fach, mae Ynys Môn wedi chwarae rhan bwysig yn hanes Prydain Fawr. 'Roedd yr ynys yn amddiffynfa Geltaidd hyd fod y Rhufeiniaed yn ei goresgyn yn AD 60. 'Roedd y Rhufeiniaed yn gwybod fod Ynys Môn yn le pwysig am fwyd i'r tylwythau gwrthryfelgar a oedd yn elyniaethus i'w llywodraeth, ac oeddynt hefyd yn wybodus am y copr gwerthfawr oedd yn yr ardal. Felly yr oedd yn bwysig fod pobl yr ynys yn cael eu darostyngu. Erbyn fod y Rhufeiniaed wedi gadael yn y bumed ganrif, yr oedd y bobl wedi eu Cristionogi, a cafodd llawer o eglwysi eu adeiladu yn ystod y chweched ganrif, pan oedd y 'Vikings' yn rhuthro ar yr ynys. Cafodd Ynys Môn ei goresgyn yn ddiweddarach gan y Normaniaed wedi iddynt feddiannu Lloegr yn 1066. Wedi hyn, 'roedd James I yn rheoli Ynys Môn yn ogystal a'r gweddill o Ogledd Cymru, a codwyd llinell o gestyll yn yr ardal i ofali am ei eiddo. Un o rhain oedd Castell Beaumaris, a gallyd mynd a bwyd a phethau eraill i'r castell hwn dros y môr pe byddai eisiau. Erbyn y bymthegfed ganrif, yr oedd un teulu ar Ynys Môn wedi dod yn bwysig, a cafodd y teulu hwn effaith hir ar yr ynys yn ogystal ac ar Prydain Fawr yn gyfain. Enw'r teulu oedd Tudur (neu Tudor), ac aeth Owain Tudur i ymuno a chwrt brenhinol Henry V yn Llundain. Cafodd ei wˆyr, Henry VII, hawl ar yr orsedd Seisnig yn 1485, a rheolodd y llinach frenhinol yn Lloegr ac yng Nghymru hyd 1603. Gwnaeth y Tudoriaed ddim llawer o les i bobl Cymru ac Ynys Môn, a gwnaeth y deddfau uniad 1536 a 1543 lawer o niwed i'r iaeth Gymreig oherwydd dim ond pobl yn siarad Seisneg allai fod yn swyddogion cyhoeddus a cafodd llywodraeth Gymreig ei diddymu.

Mae prydferthwch Ynys Môn wedi denu llawer arlunydd enwog, fel Rex Whistler a oedd yn ymweld â Phlas Newydd, cartref Marquis Ynys Môn, yn aml, ac hefyd Charles Tunnicliffe, yr arlunwr bywyd natur a oedd yn byw ym Maltraeth. Cafodd oriel ac amgueddfa eu hagor ar yr ynys yn 1991 i ddangos tipyn o waith Tunnicliffe. Yr arlunydd mwyaf enwog o Ynys Môn oedd Kyffin Williams, gan fod ei olygfeydd o'r ynys yn enwog iawn.

Wrth ddewis lluniau i'r llyfr yma, gobeithiaf fy mod wedi cludo peth o hanes Ynys Môn, ei phentrefi, ei threfydd bwysig, ei amrywiaeth o ddiwydiant, yn ogystal a rhai o bersonaliaed yr ynys, a gobeithiaf y daw'r llyfr yma a gymaint o bleser i'r darllenwr ac yr wyf fi wedi ei gael wrth ymgasglu y lluniau at eu gilydd.

Introduction

Anglesey is an island full of interest and history which contains important towns along with small villages. The largest town is Holyhead, famous as a major seaport for boats to Ireland and the reason why an important railway line was built along the North Wales coast from England and across the island. Holyhead itself stands on Holy Island and is connected to the rest of Anglesey by a causeway built as part of Telford's Holyhead Road in the early nineteenth century. The railway also runs across this causeway. Llangefni is the county town and an important market centre for the farming community. Along with these towns are several small communities scattered all over the island.

The economy has been based largely on farming, and Anglesey has long been known as the 'Mother of Wales', and with good reason, for grain and cattle produced on the island fed the many people on the mountainous North Wales mainland where such things could not be produced. Over the years other industries have developed, including quarrying and mining. Parys Mountain has long been known for copper mining and has allowed the nearby village of Amlwch to develop into a port for the export of copper. In recent years Amlwch became an important oil terminal, only closed in the last few years, which brought much revenue to the island. Perhaps the largest growth industry over the last fifty years, though, has been tourism, thousands of visitors flocking to such places as Menai Bridge, Beaumaris, Red Wharf Bay and Benllech. Other industries on the island include the nuclear power station at Wylfa, providing much employment for the local community, Anglesey Aluminium at Holyhead, and United Octel at Amlwch. There is also a large centre of small manufacturing units just outside Llangefni.

Access to the island from mainland North Wales is usually by Thomas Telford's 1826 Menai Suspension Bridge, constructed as part of his North Wales coast road to Holyhead. Rail passengers once crossed the Menai Strait on the Britannia Tubular Bridge, built by Robert Stephenson in 1850 to bring the Chester and Holyhead Railway (opened in 1848) from Bangor across the strait to link with the remainder of the line at Llanfair P.G. Destruction of the tubes in 1970 meant that the old bridge was replaced with a new cantilever structure to carry a single railway line over the strait. Development of the A55 Expressway in the 1980s produced a road deck above the railway to take the new road into Anglesey and reduce the often substantial delays experienced when only Telford's bridge was in use for road traffic.

For such a small island, Anglesey has played an important part in British history. The island was a Celtic stronghold until it was invaded by the Romans in AD 60. The Romans knew that Anglesey was an important source of food for the rebellious tribes hostile to their rule, and they were also aware of valuable deposits of copper in the area. Thus it was important that the island was subdued. By the time the Romans left in the fifteenth century, the population had become Christianized, and many new churches were built during the sixth century, at a time when the Vikings were making raids on the island. Anglesey was later subdued by the Normans, following their invasion of England in 1066. Later, James I controlled Anglesey, along with the rest of North Wales, and built a chain of castles in the area to protect his interests, including the one at Beaumaris which could be supplied by sea should it ever be besieged. By the fifteenth century, an Anglesey family had come to prominence who would have a lasting effect on the island as well as on Britain as a whole. Their name was Tudur (better known as Tudor) and Owain Tudur joined the royal court of Henry V in London. His grandson, later to become Henry VII, claimed the English throne in 1485, the dynasty ruling England and Wales until 1603. The Tudors did little for their compatriots in Wales and Anglesey and the Acts of Union of 1536 and 1543 did great damage to the Welsh language because public office could only be held by English speakers and Welsh law was abolished.

The beauties of Anglesey have attracted many famous artists, including Rex Whistler who frequently visited Plas Newydd, family seat of the Marquis of Anglesey, and Charles Tunnicliffe, the wildlife painter who lived at Maltreath. A gallery and museum was opened on the island in 1991 to display much of Tunnicliffe's work. The best known of Anglesey's artists was Kyffin Williams, whose landscapes of the island are very well known.

In selecting the photographs for this book, I hope that I have conveyed some of the history of Anglesey, its villages, important towns, and diversity of industries, as well as some of the personalities of the island. It is my wish that this book will give as much pleasure to the reader as I have had enjoyment in gathering the pictures.

Gyntaf • One

Caergybi
Holyhead

Y prif borthladd i'r Iwerddon, mae Caergybi wedi cael ei defnyddio fel gorsaf i bacedi post er yr 17fed ganrif. Yn y dyddiau hynny, yr oedd arolygiaeth yn gaeth ar y cychod a oedd yn defnyddio'r porthladd, a 'roedd milwyr yna bob amser i afael yn y bradychwyr a oedd yn gweithio o'r Iwerddon. Heddiw, mae'r dref yn llawer mwy tangnefeddus a mae gwasanaethau fferi yn dal i weithio rhwng Caergybi a'r Iwerddon.

Main seaport for Ireland, Holyhead has been used as a packet station for mails since the seventeenth century. In those days, strict supervision was kept on all boats using the harbour, and troops were always stationed there to seize traitors operating from Ireland. Today, the town is much more peaceful and ferry services continue to operate between Holyhead and Ireland.

Mae Caergybi wedi bod yn dref bwysig am dros dair canrif oherwydd ei chysylltiadau â'r Iwerddon. Yn y blynyddau cyntaf, 'roedd milwyr yn sefydlog yng Nghaergybi bob amser i gadw llygad ar y cychod ac i atal bradychwyr a gohebiaeth cas i ddod i mewn i dir Prydeinig. Yr ofn mwyaf oedd byddai dylanwad y pab yn yr Iwerddon, gan ei fod yn wlad Gatholig, yn arwain i derfysg ym Mhrydain Fawr. Mae'r olygfa yma o'r awyr yn dangos maint sylweddol y dref, gyda'r porthladd pacedi yn y pellter.

Holyhead has been an important town for over three centuries because of its connections with Ireland. In the early years, troops were always stationed at Holyhead to watch the boats and prevent traitors and subversive correspondence entering the British mainland. The principal fear was that, since Ireland was Catholic, the papist influence in that country could lead to possible insurrection on the British mainland. This aerial view shows the substantial size of the town, with the packet port in the distance.

Stryd y Farchnad, Caergybi ar droead y ganrif. Hon yw'r brif stryd siopa y dref. Fel mae yn gweddu i dref bwysig, mae'r canolfan siopa yn weddol brysur.

Market Street, Holyhead at the turn of the century. This is the main shopping street for the town. As befits an important town, the shopping centre is quite busy.

Golygfa arall o Stryd y Farchnad, gyda siop gig Jones a'r Cwmni ar yr ochr dde. Ni fyddai yn cael hongian celanedd cig tu allan heddiw, mae'n sicr.
Another view of Market Street, with Jones' butchers shop in the right foreground. Hanging meat carcasses outside would certainly not be allowed today.

Stryd y Farchnad yn ddiweddar yn yr undegnawfed ganrif yn gyflawn a siopwyr Victorianaidd.
Late nineteenth-century Market Street complete with Victorian shoppers.

Stryd y Farchnad ar droead y ganrif.
Market Street at the turn of the century.

Stryd y Farchnad yn brysur iawn yn y blynydday diweddaraf o'r undegnawfed ganrif. Mae'r tri adeilad ar yr ochr chwyth fel pe baent wedi cael eu henwi ar ôl trefi a diwydiannau sydd wedi cyfrannu tuag at ffyniant Caergybi.
A very busy Market Street in the final years of the nineteenth century. The first three buildings on the left seem to be named after towns and industries which have contributed to Holyhead's prosperity.

Pen uchaf Stryd y Farchnad, gyda siop groser Maypole ar y cornel a siop fferyllydd Boots ar y dde. Yr oedd y siopau mawr yma yn sefydledig yn arferol mewn trefi o rhyw bwysigrwydd, a 'roedd Cuergybi yn un o rheini yn yr amser cyn y Rhyfel Byd Cyntaf.

The upper end of Market Street, with Maypole grocers at the junction and Boots chemists in the right foreground. These major retailers were usually established in towns of some importance, and Holyhead was such a place in the period before the First World War.

Stryd Stanley, Caergybi ar ddiwrnod prysur iawn ar droead y ganrif.
Stanley Street, Holyhead on a very busy day at the turn of the century.

Stryd Stanley ar ddiwrnod lawer mwy tawel.
Stanley Street on a much quieter day.

Mae llawer iawn o blant i'w gweld yn yr olygfa hon o Stryd Stanley yn ddiweddar yn yr undegnawfed ganrif.
Children are in abundance in this late nineteenth-century view of Stanley Street.

Stryd Stanley Victorianaidd gyda llawer o siopwyr i'w gweld.
Victorian Stanley Street with plenty of shoppers in view.

Melin wynt yng Nghaergybi, wedi mynd o'r tirlun erbyn hyn, gwaetha'r modd.
A windmill at Holyhead, now sadly gone from the landscape.

Y Farchnad yng Nghaergybi, gyda byrddau a digon o gwsmeriaid.
The market at Holyhead, complete with stalls and plenty of customers.

Yr Hen Bont Bwa yng Nghaergybi.
The Old Archway at Holyhead.

Eglwys Sant Seriol, Caergybi.
St Seriol's church, Holyhead.

Eglwys Sant Cybi, Caergybi, a adeiladwyd rhwng y drydedd-ar-ddeg ganrif a'r ail-ar-bymtheg ganrif, wedi ei henwi ar ol sant y chweched ganrif. Mae'r enw Cymraeg, Caergybi, yn golygu 'amddiffynfa Cybi', a mae hyn yn dangos fod Cristionogion wedi sefydlu eu hunain yn yr ardal dipyn o amser cyn i'r dref ddod yn enwog fel porthladd.
St Cybi's church, Holyhead, which dates from the thirteenth to seventeenth centuries and is named after a sixth-century saint. The Welsh name for Holyhead means 'the fortress of Cybi', evidence of Christian settlement in the area long before the town became famous as a seaport.

Un o nifer o gapeli yng Nghaergybi. Mae Gogledd Cymru a Ynys Môn wedi bod yn ganolfannau annibynnol am amser mawr.
One of the several chapels at Holyhead. North Wales and Anglesey have long been centres of nonconformity.

Tŷ mawr Penrhos, Caergybi.
The large house at Penrhos, Holyhead.

Cofgolofn Skinner, Caergybi. Yn gynnar yn yr undegnawfed ganrif, 'roedd llawer i longddrylliad o gwmpas Caergybi, a mae'r cofgolofn yn y darlun hwn yn coffáu dyn o'r ardal, Capten Skinner, o'r llong baced Escape a gollodd ei fywyd ger North Stack yn 1832.
Skinner's Monument, Holyhead. In the early nineteenth century there were many shipwrecks around Holyhead, and the obelisk pictured here commemorates a local man, Captain Skinner, of the packet boat Escape who was lost off North Stack in 1832.

Pwynt y Milwr, dechrau'r rhodfa a adeiladwyd fel rhan o forglawdd rhwng 1845 a 1873 i ddiogelu llongau pan yn defnyddio'r porthladd.
Soldier's Point, the start of a promenade built as part of a breakwater between 1845 and 1873 to protect shipping using the harbour.

Golygfa arall o Bwynt y Milwr. 'Roedd y rhodfa yn rhedeg o'r Pwynt i oleudy.
Another view of Soldier's Point. The promenade ran from the Point to a lighthouse.

25

Golygfa o Gaergybi a'r porthladd o Fynydd Caergybi. Cafodd dipyn o'r cerrig a gafodd eu defnyddio i adeiladu'r morglawdd eu chwarelu o'r mynydd hyn. Gellir gweled y morglawdd eu chwarelu o'r mynydd hyn. Gellir gweled y morglawdd yn y pellter ar y chwith gyda goleudy ar y pen. Gellir gweled nifer o gychod yn y porthladd.

A view of Holyhead and its harbour from Holyhead Mountain. Much of the stone used in the construction of the breakwater was quarried from this mountain. The breakwater can be seen in the left distance with a lighthouse at the end. Several boats can be seen in the harbour area.

Golygfa o borthladd Caergybi o'r awyr, gyda'r dref yn y cefndir. Mae'r porthladd wedi bod yna ers 1880, pan benderfynodd Cwmni Rheilffordd Llundain a'r Gogledd Orllewin i wellhau'r cyfleusterau yna i geisio myned a trafnidiaeth bwysyg y post dros dd ŵr oddiwrth ei gystadleuwr, Cwmni Paced Ager Dinas Dublin. Cafodd y porthladd newydd dipyn o draferth gan bromlemau llaid a oedd ambell waith yn dod a llongau i aros. Wedi 1902, fe ddefnyddiwyd llong godi yna bob amser. Cafodd y porthladd mewnol newydd ei agor gan Tywysog Cymru yn 1880, ond ni ennillodd y cwmni rheilffordd y gwaith post oddiwrth ei gystadleuwr hyd at 1920.

The harbour at Holyhead, as seen from the air, with the town in the background. The port dates from 1880, when the London and North Western Railway Company decided to improve facilities there in order to try and take the important sea mail traffic from their rivals, the City of Dublin Steam Packet Company. The new port was always beset with silting problems which could sometimes ground ships using the port and, from 1902, a dredger was stationed there permanently. The new inner harbour was opened by the Prince of Wales in 1880, but the railway company did not win the mail contract from its rival until 1920.

Golygfa arall o'r porhladd mewnol yng Nghaergybi, gan ddangos y porthladd, yr orsaf rheilffordd a'r Gwesty Brenhinol, y cyfan wedi ey adeiladu fel rhan o ddatblygiad y porthladd newydd yn 1880. Yn y cefndir, gyda dwy long yn sefyll yna, mae Pier y Morlys. O yma 'roedd llongau Dinas Dublin yn cael eu llwytho â post i'r Iwerddon. Ni gafodd y porthladd mewnol ei ddefnyddio ar gyfer post hyd nes ennillodd y LNWR y gwaith post yn 1920, a ni ddefnyddiwyd Pier y Morlys ar ôl hynny.

Another view of the inner harbour at Holyhead, showing the port, railway station and Royal Hotel, all built as part of the new harbour development in 1880. In the background, with two ships anchored there, is the Admiralty Pier, from where the City of Dublin boats were loaded with mails for Ireland. The inner harbour only came into use for mails when the LNWR won the mail contract from 1920 and Admiralty Pier went out of use.

Yr orsaf rheilffordd a'r porthladd mewnol yng Nghaergybi, gyda'r dref i'w gweled tu ôl iddynt. Agorwyd yr orsaf yn adeilad elfennol yn 1848 pan ddechreuodd Rheilffordd Caerlleon a Chaergybi weithio. Wedi 1860, gweithiodd y LNWR yn raddol i wellhau'r cyfleusterau fan yma fel daeth y porthladd yn fwy pwysig ar gyfer tramwy i'r Iwerddon. Agorwyd yr adeilad presennol fel rhan o ddatblygiad y porthladd mewnol yn 1880.

The railway station and inner harbour at Holyhead, with the town visible behind. The station opened as a rudimentary structure in 1848 when the Chester and Holyhead Railway began to operate. From 1860 the LNWR worked steadily to improve facilities here as the harbour became increasingly important for traffic to Ireland. The present structure opened as part of inner harbour development in 1880.

Mynedfa'r Gwesty Brenhinol yn fuan wedi ei agor yn 1880. Cymerodd hon le'r adeilad a brynnwyd gan gwmni'r rheilffordd yn yr 1860au. Enw'r gwesty hynny oedd yr Eagle and Child Hotel a hon oedd dechreuad taith cerbydau'r pwynt a phost i Lundain, Caerlleon a Lerpwl hyd i'r rheilffordd gymeryd at y busnes. Cafodd yr hen gerbydau waith i gario teithwyr o'r orsaf gyntaf i Bier y Morlys. O'r man hynny yr aeth bob llong baced i'r Iwerddon hyd fod yr orsaf yn cael ei gwella.

Entrance to the Royal Hotel shortly after opening in 1880. The hotel replaced a previous structure bought by the railway company in the 1860s. The previous hotel was known as the Eagle and Child Hotel and was the starting point for the stage and mail coaches to London, Chester and Liverpool until the railway took over this business. The old coaches found work carrying passengers from the original station to Admiralty Pier, from where all Irish packet boats left until the station was improved.

Golygfa o'r Gwesty Brenhinol o'r porthladd mewnol. Yr oedd cael mynediad uniol o'r llongau i'r gwesty ac i'r orsaf rheilffordd yn ran bwysig o ddatblygiad porthladd Caergybi yn 1880 a gwnaeth hyn gymryd lle cyflyrau gwael y teithwyr yng Nghaergybi.

The Royal Hotel seen from the inner harbour. Direct access from the boats to the hotel and railway station was an important feature of the 1880 development of the port at Holyhead and replaced often poor conditions for passengers at Holyhead.

Golygfa o'r porthladd mewnol o'r Gwesty Brenhinol, gyda dwy o longau paced y cwmni rheilffordd Gwyddeleg yn y porthladd. Mae'r cloc haearn yng nghanol y pictwr yn atgofio agor y porthladd newydd gan Tywysog Cymru, wedyn Edward VII, yn 1880.

The inner harbour seen from the Royal Hotel, with two of the railway company's Irish packet boats in port. The iron clock in the centre of the picture commemorates the opening of the new harbour by the Prince of Wales, later Edward VII, in 1880.

Y Porthladd Grafio yng Nghaergybi, wedi ei adeiladu fel rhan o borthladd newydd Caergybi a oedd yn bwysig i edrych ar ôl llongau Gwyddeleg y cwmni rheilffordd.
The Graving Dock at Holyhead, built as part of the new Holyhead port and important for maintaining the railway company's Irish boats.

Llong baced Hibernia *y LNWR yn dodi teithwyr i lawr yn y porthladd mewnol yng Nghaergybi. Cafodd y llong hon ei adeiladu i gario post ar ôl i'r cwmni rheilffordd ennill y gwaith post yn 1920.*
LNWR packet boat *Hibernia* landing passengers at the inner harbour at Holyhead. This boat was built to carry the mails once the railway company had won the mail contract in 1920.

Pier y Morlys, Caergybi ar droead y ganrif. Aeth y llongau post i'r Iwerddon i gyd o'r fan hyn hyd nes iddo cael ei gau yn 1920. Cafodd y bont bwa ar ben y pier ei adeiladu i atgofio y Brenin George IV yn glanio yng Nghaergybi wedi iddo groesi o Howth yn yr Iwerddon ar yr agerlong Lightening, a gafodd ei ailenwi yn Royal Sovereign yn 1821.

Admiralty Pier, Holyhead at the turn of the century. All mail boats to Ireland left from here until closure in 1920. The arch at the end of the pier was built to commemorate the landing at Holyhead of King George IV when he crossed from Howth in Ireland on the steam ship *Lightening*, later renamed *Royal Sovereign* in 1821.

Pier y Morlys, gyda llong LNWR SS Anglia yn myned heibio ar ei ffordd o'r Iwerddon i'r porthladd mewnol.

Admiralty Pier with LNWR boat SS *Anglia* passing on its way from Ireland to the inner harbour.

Mae un o longau paced LNWR yn glanio teithwyr ym Mhorthladd mewnol Caergybi. Yr oedd y llong wedi newydd groesi'r Môr Gwyddeleg o borthladd Kingstown (wedyn Dun Laoghaire) ger Dublin. Mae cychod Sealink o Gaergybi yn dal i ddefnyddio'r un porthladd Gwyddeleg hyd heddiw.
One of the LNWR packet boats unloads passengers at the inner harbour, Holyhead. The boat had just crossed the Irish Sea from the port of Kingstown (later Dun Laoghaire) near to Dublin. Sealink vessels from Holyhead still use the same Irish port today.

Un o longau cyntaf LNWR i ddefnyddio Caergybi oedd yr agerlong padl Banshee, *i'w gweld fan yma yn yr hen borthladd.*
One of the first LNWR boats to use Holyhead was the paddle-steamer *Banshee*, seen here at the old harbour.

Agerlong paced LNWR SS Cambria yng Nghaergybi, yn barod i adael am Kingstown.
LNWR packet steamer SS *Cambria* at Holyhead, about to leave for Kingstown.

Llong chwaer SS Scotia yn gadael Ynys Môn ar ei ffordd i'r Iwerddon.
Sister ship SS *Scotia* leaving Anglesey on her way to Ireland.

SS Hibernia yn barod i adael porthladd mewnol Caergybi. Mae'r Gwesty Brenhinol yn weledig yn glir yn y cefndir. Caewyd y gwesty yn 1951 a cafodd ei ddistrywio yn 1978 i wneud ffordd i welliantau i'r orsaf rheilffordd.
SS *Hibernia* about to depart from the inner harbour at Holyhead. The Royal Hotel is clearly visible in the background. The hotel was closed in 1951 and demolished in 1978 to make way for improvements to the railway station.

SS Galtee More, un o longau LNWR sydd yn gwasanaethu ar y daith o Gaergybi i Belfast.
SS *Galtee More*, one of the LNWR boats used on services from Holyhead to Belfast.

H. M. S. "Resolution" in Holyhead Harbour.

'Roedd y Llynges Frenhinol yn anfon llong i ymweled a^ Chaergybi yn aml. Yn y pictwr hwn, mae HMS Resolution *yn cario allan y ddyletswydd hon.*
The Royal Navy often sent one of its ships on a visit to Holyhead. Here, HMS *Resolution* is on such duty.

Golygfa gynnar o borthladd Caergybi.
An early view of Holyhead harbour.

Porthladd Caergybi yn nyddia llongau hwyl.
Holyhead harbour in the days of sail.

Porthladd Caergybi a Ynys Halen. Yr oedd cynllun un tro i ymestyn y porthladd, gan ddefnyddio Ynys Halen fel rhan o'r datblygiad hwnnw.
Holyhead harbour and Salt Island. There were once plans to extend the port, using Salt Island as part of this new development.

Mae llong bost yn mynd heibio Pier y Morlys ar ei ffordd i Borthladd Kingstown ger Dublin.
A mail boat passes the Admiralty Pier on its way to Kingstown Harbour near Dublin.

Golygfa o borthladd Caergybi yn dangos y morglawdd mawr yn fuan ar ôl ei agor.
A view of Holyhead harbour showing the massive breakwater shortly after opening.

Holyhead, South Stack Lighthouse.

Goleudy South Stack, sydd yn gwylio clogwyni mawr tu allan porthladd Caergybi. Heddiw, mae'r Gymdeithas Frenhinol am Amddiffynio Adar yn edrych ar ôl yr ardal a mae amgueddfa adar gerllaw.
South Stack lighthouse, which guards precipitous cliffs just outside the port of Holyhead. Today the area is managed by the Royal Society for the Protection of Birds and a bird museum is housed there.

Golygfa arall o South Stack gyda llong baced yn mynd tua Chaergybi i'w gweld yn y pellter.
Another view of South Stack with a packet boat for Holyhead passing in the distance.

Golygfa ardderchog o South Stack yn dangos y clogwyni a'r goleudy. Mae llawer iawn o adar y môr wedi bod yn yr ardal o hyd a mae nifer o lefydd ar y clogwyni i 'twitchers' eu defnyddio.
A splendid view of South Stack showing the cliffs and lighthouse. The area has always teemed with sea birds and there are several viewing points on the cliffs for 'twitchers'.

Ail • Two

Llangefni

Fel canolfan gweinyddol Ynys Môn a thref marchnad bwysig dros gymdeithas ffermwyr yr ynys, mae Llangefni yn gorwedd ger canol Ynys Môn o fewn estyn hawdd i holl gymdeithasau yr ynys.

Administrative centre of Anglesey and important market town for the farming community, Llangefni lies virtually in the centre of the island and within easy reach of outlying communities.

Bulkeley Square and Bull Hotel, Llangefni

Canolfan tref marchnad Llangefni ar droead y ganrif. Ar ochr dde y pictwr mae neuadd y dref, oblegid Llangefni ydyw canolfan gweinyddol Ynys Môn. Adeiladwyd y cloc yn y canol i atgofio y Rhyfel Boer. Gellir gweld on o'r moduron cynnar ar flaen y pictwr.

The centre of the market town of Llangefni at the turn of the century. On the right of the picture is the town hall, for Llangefni is the administrative centre of Anglesey. The clock in the middle was built to commemorate the Boer War. One of the early motor cars can be seen at the front of the picture.

Canolfan tawel Llangefni ym mlynyddau cynnar y ganrif hon.
A quiet Llangefni town centre in the early years of this century.

Sgwâr y dref yn Llangefni yn ystod y cyfnod cyn y Rhyfel Byd Cyntaf, gyda'r cloc yng nghanol y pictwr.
Adeiladwyd sgwâr y dref a'r neuadd farchnad yn 1886 am £4,000.
Llangefni town square in the period before the First World War, with the clock in the centre of the picture. The town square and Market Hall were built in 1886 at a cost of £4,000.

Diwrnod marchnad yn Llangefni ym mlynyddau cynnar y ganrif hon. 'Roedd nifer o foch bach ar werth ym mhob un o'r ceirt sydd o flaen neuadd y dref.
Market day in Llangefni in the early years of this century. Each of the carts at the front of the town hall contained a number of piglets for sale.

Golygfa arall ar ddiwrnod marchnad ar sgwâr y dref. Cafodd y sgwâr y ei enwi yn Sgwâr Bulkeley ar ol perchennog tir mawr ar Ynys Môn.
Another market day scene in the town square. Known as Bulkeley Square, it was named after a large Anglesey landowner.

Stryd Uchel, Llangefni yn 1911. Mae golwg y dref wedi newid llawer iawn ar hyd y blynyddau, ond mae'r pennau tô heb newid rhyw lawer a gellir eu adnabod hyd heddiw.
High Street, Llangefni in 1911. The town's façade has changed a great deal over the years, but the rooftops have changed very little and are still recognizable today.

Golygfa cyn y Rhyfel Byd Cyntaf o Sgwâr Bulkeley, Llangefni ar ddiwrnod marchnad. Mae'r moch bach sydd yn y ceirt i gael eu gwerthu i fobl yr ardal a fydd yn eu cadw mewn tylcau wrth gefn eu tai. Bydd y moch bach yn cael eu tewhau erbyn y Nadolig, a gwerthir un ohonynt ym mis Tachwedd i dalu y rhent am y flwyddyn. Gwerthir ail fochyn ym mis Rhagfyr i dalu am miri y Nadolig.

A pre-First World War view of Bulkeley Square, Llangefni on market day. The piglets in the carts would be sold to locals who would keep two in pigsties in their backyards. These piglets would be fattened for Christmas, and one would be sold in November to pay the year's rent. The second was sold in December to pay for Christmas festivities.

Stryd Uchel, Llangefni, gan edrych tuag at sgwâr dref.
High Street, Llangefni, looking down towards the town square.

Golygfa arall o Stryd Uchel yn un o flynyddau cynnar y ganrif.
Another view of High Street in the early years of the century.

Ffair gwartheg yn Llangefni yn yr amser cyn y Rhyfel Byd Cyntaf.
The cattle fair at Llangefni in the period before the First World War

Mae plant wedi casglu yn Stryd Uchel i weld sioe Punch a Judy tua diwedd yr undegnawfed ganrif.
Children are gathered in High Street to watch a Punch and Judy show at the end of the nineteenth century.

Gwelir dau fochyn bach gafodd eu gwerthi ym marchnad Llangefni ym mis Mawrth wedi cael eu tewhau erbyn mis Tachwedd. Maent newydd adael iard gefn Café Ynys Môn lle cafwynt eu pwyso a'u gwerthi i gigydd lleol.

Two piglets brought to Llangefni market in March are now seen in November after being fattened up. They have just left the back yard of the Anglesey Café where the pigs were weighed and then sold to a local butcher.

Siop y cigydd Thomas John Jones ar gornel Stryd y Bont a Stryd yr Afon. 'Roedd gan y bachgen dosbarthu, William Hugh Owen a welir ar ochr chwith y pictwr yma, ei siop ei hunan yn y 1940au. Hugh Jones, brawd i Thomas Jones, a oedd ganddo siop gigydd ei hun yn y 1930au a'r 1940au, Thomas John Jones, a symydodd i Stryd Uchel pan dorodd y Rhyfel Byd Cyntaf allan, ac ar yr ochr dde mae dyn weddol hen a oedd yn lladd a trwsio cig eidion, cig moch a chig ŵyn i'r busnes ydyw'r tri dyn yn y darlun hyn. Tynnwyd llun y grŵp yn un o fisoedd cynnar 1914.

Thomas John Jones' butchers shop on the corner of Bridge Street and River Street. The delivery boy, William Hugh Owen, on the far left of the picture, had his own shop in the 1940s. The three men in the group are Hugh Jones, Thomas Jones' brother, who also had a butchers shop in the 1930s and '40s, Thomas John Jones, who moved to High Street when the First World War broke out and, on the right, an elderly gentleman who killed and dressed beef, pork and lamb for the business. The whole group were photographed in the early months of 1914.

Gweithwyr modurdy bus Crosville, Stryd y Bont, Llangefni yn 1957. Yn y grŵp mae: Ernie Griffiths (conductor), Alan Jones (clerc), -?-, -?-, Robert Roberts (conductor), Robert Parry (conductor), Elwyn Mathews (gyrrwr), Trevor Morgan (gyrrwr), Ernest Gilbert (conductor), William Williams (fittwr), Hugh Davies (fittwr), -?-, David Jones, Will Owen, Ivor Williams (gyrrwr), Emlyn Evans (conductor), Tom Jones, Owen Hughes, John Jones, Owen Ivor Thomas (conductor), Evan Parry (gyrrwr) a Robert Williams (goruchwyliwr).

Staff of Crosville bus garage, Bridge Street, Llangefni in 1957. In the group are (l–r): Ernie Griffiths (conductor), Alan Jones (clerk), -?-, -?-, Robert Roberts (conductor), Robert Parry (conductor), Elwyn Mathews (driver), Trevor Morgan (driver), Ernest Gilbert (conductor), William Williams (fitter), Hugh Davies (fitter), -?-, David Jones, Will Owen, Ivor Williams (driver), Emlyn Evans (conductor), Tom Jones, Owen Hughes, John Jones, Owen Ivor Thomas (conductor), Evan Parry (driver), Robert Williams (manager).

Grŵp o ddynion busnes o Langefni yn 1830 gyda Megan Lloyd George, Aelod Seneddol Liberal Ynys Môn.
A group of businessmen from Llangefni in 1930, with Megan Lloyd George, Liberal MP for Anglesey.

Carnifal Llangefni yn 1813, gyda'r Frenhines Mai er ei gorsedd. Yn y cefndir mae Gwesty'r Llong sydd wedi ei distriwio erbyn hyn, a siop fodern wedi ei adeiladu yn ei lle. Yn y cefndir ar yr ochr dde mae hen Gladdgelli y Farchnad, sydd wedi cael ei ail-adeiladu erbyn hyn o'r enw Gwesty'r Farchnad.

The 1913 Llangefni Carnival, with the May Queen on her throne. In the background is the now demolished Ship Hotel, which has been replaced by a modern shop. In the right background is the old Market Vaults, now rebuilt and called the Market Hotel.

Postmyn a postfeistr Llangefni yn 1913. Tri bachgen telegraff anadnabyddus sydd yn sefyll ar y cefn. Y bobl yn y grŵp yw, yn sefyll o'r chwith i'r dde: Richard Williams, William Pritchard, Miss Pritchard, Mr Owen Jones, Robert Davies, Mr Eams, Mr Williams, 3 Stryd y Bont Llangefni, Mr Williams, 63 Stryd y Bont, Mr Williams o Stryd y Cae; yn eistedd: Bob Owen, Mr Thomas, Mr Willie Peacock.

Postmen and the postmaster at Llangefni in 1913. The three youngsters standing at the back are unknown telegraph boys. The rest of the group are, standing, left to right: Richard Williams, William Pritchard, Miss Pritchard, Mr Owen Jones, Robert Davies, Mr Eams, Mr Williams of 3 Bridge Street, Llangefni, Mr Williams of 63 Bridge Street, Mr Williams of Field Street. Front row: Bob Owen, Mr Thomas, Mr Willie Peacock.

Siop y Cyfrwywr yn 1920, gyda harneisiau i geffylau Shire, i ferlod ac i geffylau hela. Mr Owen Griffith oedd y perchen ac oedd y siop yn Stryd yr Eglwys, lle mae'r swyddfa bost yn sefyll yn awr.
The Saddlers Shop in 1920, with harnesses for shire horses, ponies and hunters. The owner was Mr Owen Griffith and the shop was in Church Street where the post office stands today.

Golygfa yn 1912 o weithdy potelu dŵr mwyn a chwrw, o'r enw Brewas ac yn sefyll ar Ffordd Benllech, tri-chwarter milltir o ganol Llangefni. Yn sefyll ger y drws mae Mr Roberts, goruchwyliwr y gweithdy. Yn sefyll ger y ceffyl mae Thomas Owen a oedd yn dosbarthu poteli dŵr mwyn a chwrw ar hyd Ynys Môn. Y bachgen gyda'r beic yw Griffith Owen, mab hynaf Thomas Owen, a'r fenyw gyda'r plant yw Mrs Owen. Yr oeddynt yn byw yn y tŷ ar y chwith, o eiddo'r cwmni potelu.

A 1912 view of the Mineral and Beer Bottling Works, known as the Brewas and situated on the Benllech Road, three-quarters of a mile from the centre of Llangefni. Standing at the main entrance is Mr Roberts, the works manager. Standing by the horse is Thomas Owen who delivered the bottled beers and minerals all over Anglesey. The boy with the bicycle is Griffith Owen, eldest son of Thomas Owen, and the lady with children is Mrs Owen. They lived in the house on the left, which was works property.

Golygfa yn gynnar yn yr ugeinfed ganrif o Bopty Dirwest Gwalia, Llangefni, gyda gweithwyr a fan y popty yn y pictwr.
An early twentieth-century view of the Gwalia Temperance Bakery, Llangefni, with staff and baker's van in the picture.

Coffa'r Rhyfel a'r ysgol, Llangefni.
The War Memorial and school, Llangefni.

Church Lane, Llangefni

Golygfa yn 1910 o Ffordd yr Eglwys, Llangefni. Y ffrwd oedd y ffrwd-felin a oedd yn cyflenwi dŵr i'r felin ar waelod Stryd y Felin, lle mae'r llyfrgell gyhoeddus yn sefyll yn awr. Ar ochr chwith y pictwr mae ffynnon ddŵr ffres a ddarparodd ddŵr i bobl Stryd yr Eglwys a Teras yr Eglwys. Mae twˆr cloch eglwys Sant Cungar, sydd yn weledig ar y chwith, wedi mynd erbyn hyn, a mae yna barc moduron mawr yn awr. Er hynny, mae'r eglwys yna a hyd.

A 1910 view of Church Lane, Llangefni. The stream was the mill stream, supplying water to a mill at the bottom of Mill Street, where the public library now stands. On the left of the picture is a fresh water well which served the residents of Church Street and Church Terrace. The bell tower of St Cungar's church, seen on the left, has now gone and become a large car park. The church, however, still remains.

Trydedd • Three

Beaumaris

Yn awr yn dref gwyliau atyniadol, mae gan Beaumaris olgyfeydd ardderchog o Eryri o laniau Culfor Menai. Mae'r dref hefyd wedi bod yn borthladd, a chafodd ei ddefnyddio yn aml gan smyglwyr yn dymuno osgoi y fyddin oedd yng Nghaergybi.

Now an attractive holiday town, Beaumaris has splendid views of Snowdonia from the banks of the Menai Strait. The town has also been a port and was often used by smugglers wishing to avoid the army situated at Holyhead.

General View Beaumaris

Golygfa o'r pellter o Beaumaris, a oedd unwaith y brif borthladd a thref ar Ynys Môn. Cafodd y dref ei sylfaenu gan Edward I ar ôl i'r Saeson oresgyn Gogledd Cymru. Yr oedd trafaelwyr a oedd yn mynd i'r Iwerddon yn arfer croesi i Beaumaris o'r tir mawr, gan gerdded dros y Traeth Lafan bradwrus ger Llanfairfechan cyn dal fferi.

A distant view of Beaumaris, once the chief port and town of Anglesey. The town was founded by Edward I after the English invasion of North Wales. Travellers bound for Ireland used to cross to Beaumaris from the mainland, walking over the treacherous Lafan Sands, close to Llanfairfechan, before catching a ferry.

Golygfa arall o Beaumaris yn dangos y pier sydd ddim yn bod yn awr.
Another view of Beaumaris, showing the pier which no longer exists.

Beaumaris fel ei gwrlir o uwch ben y fynwent. Yn y dyddiau pan oedd Caergybi yn cael ei gwylio gan y fyddin, byddai smyglwyr yn aml yn ceisio glanio eu nwyddau yn Beaumaris. Os gwelir nhw, byddant yn cael eu dilyn a byddau'r criw, y llong a'r nwyddau yn cael eu ymaflyd.
Beaumaris seen from above the cemetery. In the days when Holyhead was guarded by the army, smugglers would often try to land contraband at Beaumaris. If they were spotted, they were followed and the crew, ship and cargo were seized.

Y ffordd goediog tuag at y dref hyfryd, Beaumaris. Mae tipyn o'r tir oddeutu wedi ildio i ddatblygu ystadau o dai, ond mae'r ardal yn dal llawer o'i swyn, er hynny. Mae Beaumaris ei hunan yn dal tipyn o deimlad Seisneigedd o'i hamgylch a mae fel magned i filoedd o drafaelwyr yn ystod misoedd yr haf.

The wooded route towards the elegant town of Beaumaris. Much of the area around here has succumbed to housing development, although the locality still retains much of its charm. Beaumaris itself retains an air of 'Englishness' and is a magnet for thousands of tourists in the summer months.

Glan y môr, Beaumaris, gyda'r dref hyfryd yn y pellter.
The shore at Beaumaris, with the elegant town in the distance.

Pen gorllewinol Beaumaris, gyda golygfa o'r pier. Mae llongau pleser yn cael eu angori yma yn ystod misoedd yr haf.
The West End of Beaumaris, with the pier in view. Yachts are often moored here during the summer months.

Golygfa arall o ben gorllewinol Beaumaris.
Another view of the West End of Beaumaris.

Pen gorllewinol Beaumaris gan ddangos y tai gwych sydd ar flaen y dref.
West End, Beaumaris, showing the elegant houses which front the town.

Pen gorllewinol Beaumaris, gan ddangos traeth shingle a tai mawr ar hyd y blaen. Yn y cefndir ar yr ochr dde mae'r mynyddoedd lle mae chwarel a thref Penmaenmawr a Llanfairfechan yn sefyll ar hyd tir mawr Gogledd Cymru. Gellir dychmygu y croesad anodd o Lanfairfechan i Beaumaris, yn groes Traeth Lafan, o'r olygfa hon.

The West End of Beaumaris, showing a shingle beach with substantial houses lining the front. In the right background are the mountains where the Penmaenmawr quarry and town and Llanfairfechan are situated on the North Wales mainland. The difficult crossing from Llanfairfechan to Beaumaris, across the Lafan Sands, can be visualized from this view.

Golygfa o'r pen gorllewinol o Beaumaris wedi'r Rhyfel Byd Cyntaf.
A post-First World War view of the West End of Beaumaris.

Golygfa o dref Beaumaris o'r pier ar droead y ganrif.
The town of Beaumaris seen from the pier at the turn of the century.

Pier Beaumaris yn brysur ar ddiwrnod haf ar droead y ganrif.
A busy Beaumaris pier on a summer's day at the turn of the century.

Pier Beaumaris gyda agerlong padl yn agosáu. Mae tir mawr Gogledd Cmyru i'w weld yn y pellter.
Beaumaris pier with a paddle-steamer approaching. The North Wales mainland can be seen in the distance.

Golygfa Edwardiaidd o bier Beaumaris, gyda agerlong padl wedi docio ar ei hyd. Mae nifer o bobl yn gwylio beth sydd yn mynd ymlaen a mae fel pe byddae ceffyl a cherbyd yn aros, efallai i fynd â ymwelwr i un o westai hyfryd y dref. Mae tollfa y pier yn esiampl braf o bensaerniaeth, yn nodweddiadol o lawer ar hyd arfordir Gogledd Cymru.

An Edwardian view of Beaumaris pier, with a paddle-steamer docked alongside. Several people are watching the proceedings and a horse and carriage appear to be waiting, perhaps to take a visitor to one of the town's elegant hotels. The pier's toll-booth is an attractive piece of architecture, typical of many on the coast of North Wales.

Pier a thref Beaumaris.
Beaumaris pier and town.

Stryd y Castell, Beaumaris, ar droead y ganrif. Mae'r brif stryd siopa hon yn arwain yn union i'r castell sydd i'w weld yn y pellter.
Castle Street, Beaumaris, at the turn of the century. This main shopping street leads straight down to the castle which is visible in the distance.

Gwesty'r Liverpool Arms, yn Stryd y Castell. Mae'r Liverpool Arms wedi bod yna er y dair-ar-bymtheg ganrif a mae yn dal i fod yn dafarn boblogaidd heddiw.
The Liverpool Arms Hotel, Castle Street. The Liverpool Arms dates back to the eighteenth century, and is still a popular 'watering hole' today.

Golygfa arall o Stryd y Castell yn y 1930au.
Another view of Castle Street in the 1930s.

Stryd yr Eglwys, Beaumaris, yn un o flynyddau cynnar y ganrif.
Church Street, Beaumaris, in the early years of the century.

Canol Stryd yr Eglwys ar droead y ganrif.
The heart of Church Street at the turn of the century.

Stryd Wrexham, Beaumaris, ar droead y ganrif. Mae'r ardal yn edrych yn weddol wledig a mae'r bythynnod bach yn edrych yn atyniadol iawn, ond tebyg eu bod dipyn yn fach i'r rhai oedd yn byw ynddynt.
Wrexham Street, Beaumaris, at the turn of the century. The locality seems rather rural and the little cottages look rather attractive, but they were, no doubt, rather cramped for those who lived there.

Golygfa o Stryd yr Eglwys, gyda'r llythyrdy ar y cornel ar yr ochr dde. Mae yna gwsmeriaid yn disgwyl iddi agor.
A view of Church Street with the post office at the junction, on the extreme right. There are customers waiting for it to open.

Teras York, Beaumaris, llinell a dai nodweddiadol a gafodd eu adeiladu i fobl cyfoethog yr ardal. Sylwch ar y cledrau haearn ar lawr cyntaf y tai.
York Terrace, Beaumaris, a row of typically elegant houses built for the area's well-to-do. Note the wrought iron railing on the upper floor of the terrace.

Y bowling green a'r cwt tenis tu ôl Castell Beaumaris. Byddai rhain wedi cael eu defnyddio yn dda gan ymwelwyr i'r dref yn ystod misoedd yr haf.
The bowling green and tennis court behind Beaumaris Castle. These facilities would be well used by visitors to the town during the summer months.

2547 Beaumaris, from Cliff Walk.

Golygfa o Beaumaris a'r castell o Lwybr y Cloguyn, un or llwybrau poblogaidd sydd yn mynd o'r dref ac yn rhoddi golygfeydd hyfryd o dir mawr Gogledd Cymru. Yn y pellter ar y chwith, tu hwnt i Gulfor Menai, mae mynyddoedd Eryri.

Beaumaris and its castle seen from the Cliff Walk, one of the popular walks from the town which give splendid views of the North Wales mainland. In the left distance, beyond the Menai Strait, are the mountains of Snowdonia.

Y castell a'r parc adloniant yn Beaumaris.
The castle and recreation ground at Beaumaris.

Mur Castell Beaumaris wedi ei orchuddio a iorwg.
An ivy-covered wall of Beaumaris Castle.

Y lodge a'r llidiardau i mewn i Gastell Beaumaris. Y castell hwn oedd yr wythfed castell i gael ei adeiladu gan Edward I, a cyflawnodd hwn y 'cylch haearn' a oedd ef wedi mynegu i fathru'r Cymru–heb lawer o lwyddiant.
The lodge and entrance gates to Beaumaris Castle. The castle was the eighth built by Edward I and completed the 'iron ring' with which he intended to 'crush' the Welsh—without a great deal of success.

Drws ochr i'r castell.
A side entrance to the castle.

Golygfa o Gastell Beaumaris a'r dref o'r awyr. Dechreuwyd gwaith ar y castell ym mis Ebrill 1295; yr oedd yn un o gynlluniau milwrol gorau y dydd. Cafodd dwy fil o lafurwyr, pedwar cant o chwarelwyr a dau gant o seiri maen eu cyflogi i'w adeiladu. Yr oedd y castell yn un drud i'w adeiladu ac yn 1296 galwodd y pensaer, adeiladwr enwog cestyll y pryd hynny o'r enw Master James of St George, am gronfa yn fuan, oherwydd ei fod yn ofni byddai'r Cymry yn uno â'r Albanwyr a'r Ffrancwyr i anfantais y Saeson. 'Roedd y rhan fwyaf o'r gwaith wedi eu wneud erbyn 1298, ond fe gariodd y gwaith ymlaen am bymtheg-ar-hugain o flynyddau ar ôl hyn. Fel mae'n digwydd, ni fennwyd y castell yn hollol o gwbl, er ei fod yn effeithiol iawn fel yr oedd a medrodd gwrthsefyll llawer o ymosodiadau. Yr oedd y ffos yn gysylltiedig â'r môr, a felly byddai llongau mawr yn gallu cael eu hangori tu allan i'r mur, a gellir dod a nwyddau i'r castell dros y môr os byddai yn annodd dros dir. Er hynny, fe gymerodd milwyr Owain Glydwr at y castell yn 1403.

Beaumaris Castle and town seen from the air. Work on the castle was begun in April 1295; it was one of the most advanced military designs of its day. Two thousand labourers, four hundred quarrymen, and two hundred masons were employed in its construction. The castle was expensive to build and in 1296 the architect, a famous castle builder and siege engineer called Master James of St George, demanded speedy funding, for he was concerned that the Welsh might ally themselves with the Scots or French to the disadvantage of the English. Most of the work was completed by 1298, although building was to continue for another thirty-five years. In the event, the castle was never really finished, although it was effective enough as it stood and could resist any number of attacks and sieges. The moat was linked to the sea, allowing large ships to be moored at the outer wall, and the castle could be supplied by sea if there were difficulties of supply by land. The castle was, however, taken over by Owain Glyndwr's troops in 1403.

Pedwerydd • Four

Porthaethwy
Menai Bridge

Mae'r dref gyntaf a gyrrhaeddid wedi croesi i Ynys Môn wedi cael ei henwi ar ôl y bont hongiad sydd yn croesi Culfor Menai ac yn cysylltu Ynys Môn gyda tir mawr Gogledd Cymru. Mae pont arall, Pont Britannia, yn dod a rheilffordd Caerlleon a Chaergybi yn groes â Chulfor Menai.

The first town reached after crossing over into Anglesey is named after the suspension bridge which crosses the Menai Strait and links Anglesey with mainland North Wales. Another bridge, the Britannia Bridge, brings the Chester and Holyhead railway line across the Menai Strait.

Golygfa o'r pellter o bont hongiad 1826 Thomas Telford, a gafodd ei adeiladu i gario Ffordd Caergybi dros Culfor Menai i Ynys Môn.
A distant view of Thomas Telford's 1826 suspension bridge, built to carry the Holyhead Road over the Menai Strait into Anglesey.

Mae'r agerlong Sant Seriol yn mynd o dan bont hongiad Menai ac ar hyd y Gulfor Menai.
The steam boat St Seriol passes under the Menai suspension bridge and along the Menai Strait.

Y bont hongiad dros Culfor Menai, gan ddangos y cynllun atyniadol a ddefnyddiodd Telford.
The suspension bridge over the Menai Strait, showing the very pleasant design used by Telford.

Cafodd cynllun y bont hongiad ei gyflwyno yn 1818 a chafodd y bont ei hagor yn 1826. Fe gostiodd £120,000 i'w adeiladu a 'roedd yn 305 metre o hyd gyda span ar y canol o 177 metre, ac oedd dros 30 metre uwch ben y lin ddŵr er mwyn caniatáu i longau fynd oddi tanodd. Cafodd y cadwyni oedd yn ei chynnal eu gwneud o haearn.
The design for the suspension bridge was submitted in 1818 and the bridge was opened in January 1826. It cost £120,000 to build and was 305 metres in length with a central span of 177 metres, and was over 30 metres above the waterline to allow the passage of ships underneath. The supporting chains were made of wrought iron.

Wedi cael ei defnyddio am 112 blwyddyn, cafodd y bont hongliad ei ail-adeiladu yn 1938. Gellir gweld peth o waith cynnar yr ail-adeiladu yn y darlun hwn.
After 112 years of use, the suspension bridge was thoroughly rebuilt in 1938. Early work on reconstruction is seen in this view.

Gellir gweld y craen a gynorthwyodd yng ngwaith yr ail-adeiladu uwch ben y cadwyni hongiad yn y darlun hwn.
The cranes which helped out with reconstruction work are seen here above the suspension chains.

'Roedd rhan o'r gwaith ail-adeiladu yn cynnwys rhoddi cadwyni dur newydd i gymeryd lle y rhai haearn oedd yna cyn hynny. Cariwyd allan ragor o waith i gryfhau'r bont yn 1990, wedi rhoddi cyfyngiad pwys o 7.5 tunnell arni flwyddyn yng nghynt.

Part of the reconstruction work involved replacing the original wrought iron chains with new steel ones. Further strengthening work was carried out in 1990, after a weight restriction of 7.5 tons was introduced the previous year.

Mae rhai o bobl yr ardal yn sefyll ar ochr Ynys Môn o bont hongiad Menai, tu allan y dollfa. 'Roedd y bobl oedd yn defnyddio'r bont i groesi Culfor Menai yn talu toll hyd nes bod y gwaith ail-adeiladu'r bont wedi ei ddibennu tua dechrau'r Ail Ryfel Byd.

Local people pose on the Anglesey side of the Menai suspension bridge, just outside the toll-booth. Tolls were paid by those wishing to cross the Menai Strait until after reconstruction work had been completed at the outbreak of the Second World War.

Yr ail ffordd o groesi i Ynys Môn oedd i ddefnyddio pont bibellau y rheilffordd, a gafwyd ei adeiladu gan Robert Stephenson. Dibennwyd hi yn 1850 fel rhan o rheilffordd Caerlleon a Chaergybi. Cariwyd y rheilffordd dros y gulffordd mewn dwy bibell dur a phren tu mewn iddynt. Y pren oedd i arwain i ddistrywiad y bont yn 1970 pan aeth ar dân wedi i fechgyn a oedd yn edrych am nythau adar daflu papur llosg yn agos i'r bont. Cafodd y bont ei hail-adeiladu fel pont 'cantilever' yn cario dim ond un rheilffordd. Gyda ddatblygiad y ffordd fawr A55, cafodd y ffordd newydd ei rhoddi ar lefel uwchben y rheilffordd, a rhoddodd hyn ail heol i groesi i Ynys Môn.

The second crossing into Anglesey was the tubular railway bridge built by Robert Stephenson and completed in 1850 as part of the Chester and Holyhead railway line. The railway was carried across the strait in two steel tubes lined with timber. The timber was to be ultimately responsible for the destruction of the bridge in 1970, when it caught fire after boys looking for birds' eggs lit paper torches near the bridge. The bridge was subsequently rebuilt as a cantilever structure carrying only a single railway track. With the development of the A55 Expressway, a new road was placed on a deck above the railway, giving a second road crossing into Anglesey.

Gellir gweled y pibellau ar gyfer y bont pibellau newydd Britannia yn cael eu ffurfio yn y pictwr yma. 'Roedd y bont yn cael ei ystyried fel gorchest fawr i beirianyddiaeth Brydeinig gan fod rhaid iddi gael ei adeiladu a dim ond dwy span fel na bod morwriaeth yn cael ei rwystro. 'Roedd y ddwy span yn 460 troedfedd o hyd ac yn gadael uchder clir o 130 troedfedd uwch ben y dŵr. Cafodd y pibellau eu gwneud wrth rifetio sawl hyd o blât dur gyda'u gilydd, gwaith a oedd yn denu llawer o ymwelwyr. Pan oedd pedair pibell yn barod, cawsant eu nofio allan i'r culfor a'u codi gan wasg ager mawr ar ben tŵr y Britannia. 'Roedd y gwasg yn codi pibell drwy chwech troedfedd gyda bob strôc o'r piston. Mae dau gerflyn o lewod yn eistedd i lawr i'w gweld ar bob pen o'r bont a maent yno hyd heddiw.

The tubes for the new Britannia tubular bridge are under construction in this view. The bridge was seen as one of the great feats of British engineering for it had to be constructed with only two main spans so that navigation would not be obstructed. These two main spans were 460 ft long and allowed a clear height of 130 ft above the water. The tubes were made by rivetting together lengths of steel plate on the shore, which attracted many onlookers. Once the four tubes were complete, they were floated out into the strait and lifted by a giant steam press situated on top of the Britannia tower. The press raised the tube a distance of six feet with every stroke of the piston. The entrance to each end of the bridge was marked by two statues of lions in a resting position which remain to this day.

Golygfa o'r bont bibellau Britannia o Ynys Môn. Gellir gweled y llewod yn eistedd yn y pictwr yma.
The Britannia tubular bridge seen from Anglesey. The reposing lions can be seen in this view.

Gellir gweld y bont Britannia yn y pellter, gyda eglwys Llandysilio ar y blaen.
The Britannia bridge is seen in the distance, with Llandysilio church visible in the foreground.

5068. MENAI STRAITS FROM ANGLESEY COLUMN.

Gellir gweld pont bibellau y rheilffordd a phont hongiad Telford yn glir yn y darlun yma a gafodd ei dynnu o ben Colofn Ynys Môn. Tu draw y pontydd mae dinas Bangor a mae mynyddoedd Eryri yn y pellter.
Both the tubular railway bridge and Telford's suspension bridge are clearly visible in this view taken from the top of the Anglesey Column. Beyond the bridges is the city of Bangor and the Snowdonia mountain range lies in the distance.

Gellir gweld Culfor Menai a'r ddwy bont yn y pictwr yma. Ar y chwith mae Ynys Môn ac ar y dde mae dinas Bangor. Yn y pellter mae mynydd Penmaenmawr a phen y Gogarth Fawr, lle yr adeiladwyd y dref wyliau Llandudno.
The Menai Strait and both bridges are visible in this aerial view. On the left is the island of Anglesey and the city of Bangor is on the right. In the distance are Penmaenmawr mountain and the Great Orme's head, site of the holiday town of Llandudno.

Golygfa o Gulfor Menai o'r bont hongiad. Ar y chwith mae'r dref Porthaethwy.
The Menai Strait seen from the suspension bridge. On the left is the town of Menai Bridge.

Ynys White Bait, ynys fechan yng nghanol Culfor Menai rhwng y ddwy bont.
White Bait Island, a small island that lies in the middle of the Menai Strait between the two bridges.

'Roedd tŷ ar Ynys White Bait ar werth yn weddol ddiweddar.
White Bait Island has a house on it and was up for sale in recent times.

ANGLESEY MONUMENT, MENAI BRIDGE

Mae cofgolofn Ynys Môn yn sefyll rhwng y ddwy bont. Mae Marquis cyntaf Ynys Môn yn sefyll ar ei chopa.
The Anglesey Monument is situated on the island between the two bridges. The original Marquis of Anglesey stands at the top.

Golygfa o dref Porthaethwy o'r bont hongiad. Cyn i'r bont gael ei hadeiladu, 'roedd fferi yn arfer gweithio o'r fan yma i'r tir mawr.
The town of Menai Bridge seen from the suspension bridge. Before the bridge was built a ferry used to operate from here to the mainland.

Pier Porthaethwy, a gafodd ei enwi fel Pier Sant George. Yn amser Victoria, 'roedd agerlongau padl o Lerpwl yn angori fan yma yn aml i roddi ymwelwyr i Ynys Môn i lawr. Erbyn heddiw mae'r pier dipyn yn llai, a'r unig long i'w gweld yma yw'r Tywysog Madog, llong ymchwil sydd yn eiddo Prifysgol Bangor.

The pier at Menai Bridge, known as St George's Pier. In Victorian times paddle-steamers from Liverpool often moored here as visitors to Anglesey disembarked. Today the pier is much reduced and the only vessel to be seen here is the Prince Madog, a research vessel owned by nearby Bangor University.

Y rhodfa a'r pier ym Mhorthaethwy gyda llong o Lerpwl wedi angori gerllaw.
The promenade and pier at Menai Bridge with a Liverpool vessel docked alongside.

Yr agerlong padl La Marguerite yn llawn o deithwyr gerllaw pier Porthaethwy.
The paddle-steamer La Marguerite, full of passengers, is seen alongside Menai Bridge pier.

Golygfa dda o bier Porthaethwy ar ei hyd, gyda agerlong padl gerllaw.
A good view of the full length of the pier at Menai Bridge, with a paddle-steamer alongside.

Golygfa o bier Bangor o Borthaethwy gyda agerlong padl yn hwylio ar hyd Culfor Menai. Cafodd pier Bangor ei ail-adeiladu yn gyfan yn ddiweddar yn y 1980au a mae yn awr yn agored i'r cyhoedd. Effalai gall fferi rhwng Bangor a Phorthaethwy ail-ddechrau.
The Bangor Pier as seen from Menai Bridge with a paddle-steamer sailing up the Menai Strait. The pier at Bangor was fully rebuilt in the late 1980s and is now open to the public. Perhaps a ferry between Bangor and Menai Bridge may restart.

Y llong Sant Tudno ar ochr pier Porthaethwy, gyda'r dref i'w gweld tu hwnt. Tebyg fod yr olygfa hon wedi ei thynnu o Fangor.
The boat St Tudno alongside Menai Bridge pier, with the town visible on the hill beyond. This view was probably taken from Bangor.

Stryd bennaf Porthaethwy. Bob mis Hydref, mae'r dref yn cael ei chymeryd drosodd gan ffair Porthaethwy, a ddechreuodd yn ôl yn 1691 pan symudwyd ffair merlod, i ddod yn fwy diweddar yn ffair anifeiliaid o bob math, i'r dref fel bod ffermwyr Ynys Môn yn medru gwerthu eu anifeiliaid heb y perygl o golli elw o herwydd i'r anifeiliaid orfod nofio yn groes Culfor Menai er mwyn cyrraedd marchnad ar dir mawr Gogledd Cymru.
The main street at Menai Bridge. Every October the town is taken over by the Menai Bridge Fair, which dates back to 1691 when a pony fair, later to become a general livestock fair, was moved to the town so that Anglesey farmers could sell livestock without having to risk profits by swimming their animals across the Menai Strait in order to reach markets on the North Wales mainland.

Cof golofn Rhyfel yn Porthaethwy. Gellir gweld y bont pibellau yn y cefndir.
The War Memorial at Menai Bridge. The tubular bridge is visible in the background.

Melin Llandegfan, melin ddŵr gerllaw tref Porthaethwy.
Llandegfan Mill, a water mill close to Menai Bridge town.

Pumed • Five

Amlwch

Porthladd yn sefyll ar yr ochr gogledd-ddwyrain o Ynys Môn yw Amlwch, ar y ffordd i Lerpwl. Yn ddiweddar, codwyd adeilad terfyn olew yna, sydd yn ennill dipyn o incwm i'r ynys, a 'roedd tanciau môr yn dadlwytho eu llwythau yn weddol agos i'r traeth.

Amlwch is a seaport situated in the north-east of Anglesey, on the route to Liverpool. In recent times an oil terminal was situated here earning much revenue for the island, and sea tankers discharged their cargoes at a point just off shore.

AMLWCH, DINORBIN SQUARE.

Sgwâr Dinorbin, Amlwch, canolfan y dref fechan. Mae bodolaeth Amlwch yn ddyledus i Fynydd Parys sydd gerllaw lle mae ehangder o graig a chopr ynddi. Cyn 1768, porthladd bychan oedd Amlwch, a dim ond rhyw hanner dwsin o fythnnod. Pa fodd bynnag, yr oedd Mynydd Paris i ddod i fod y mwyngladd copr mwyaf yn y byd, a chynyddlodd Amlwch yn fuan yn ystod y chwyldro diwydiannol. Yr oedd yn y dref gymdeithas fwyngladd o fobl a oedd yn yfed yn drwm.

Dinorbin Square, Amlwch, the centre of the small town. Amlwch owes its existence to nearby Parys Mountain where a large expanse of cooper bearing rock existed. Before 1768, Amlwch was a small fishing port with only half a dozen cottages. Parys Mountain was, however, to become the world's largest copper mine, and during the Industrial Revolution Amlwch grew rapidly. It housed a wild, heavy-drinking mining community.

Stryd Mona, Amlwch ar droead y ganrif.
Mona Street, Amlwch at the turn of the century.

Y Sgwâr, gyda tai a thipyn o iorwg arnynt ar y chwith a Gwesty Eleth tu draw i'r sgwâr. Tebyg fod yr olygfa hon wedi cael ei thynnu rhwng y ddau Ryfel Byd.
The Square, with ivy-covered houses on the left and the Eleth Hotel at the head of the square. This view appears to have been taken in the years between the two world wars.

Stryd y Capel, Amlwch, yn un o flynyddau cynnar y ganrif, gyda tai a gafwyd eu adeiladu ar gyfer gweithwyr a'u cyflogaeth yn niwydiant yr ardal.
Chapel Street, Amlwch in the early years of this century, with houses built for workers employed in local industries.

Golygfa arall o Stryd Mona yn gynnar yn y ganrif hon. Mae'n debyg fod y siop ar yr ochr dde, gyda gwaith haearn addurnol iawn arni, yn cadw arwerthiant. Mae Amlwch yn dal i fod yn un o drefi mwyaf Ynys Môn, ac yn dal i fod yn ganolfan diwydiannol.

Another view of Mona Street in the early years of this century. The shop on the right, complete with ornate wrought iron work below the first-floor window, appears to be having a sale. Amlwch is still one of Anglesey's larger towns, and still an industrial centre.

Sgwâr Dinorbin, Amlwch ar droead y ganrif.
Dinorben Square, Amlwch at the turn of the century.

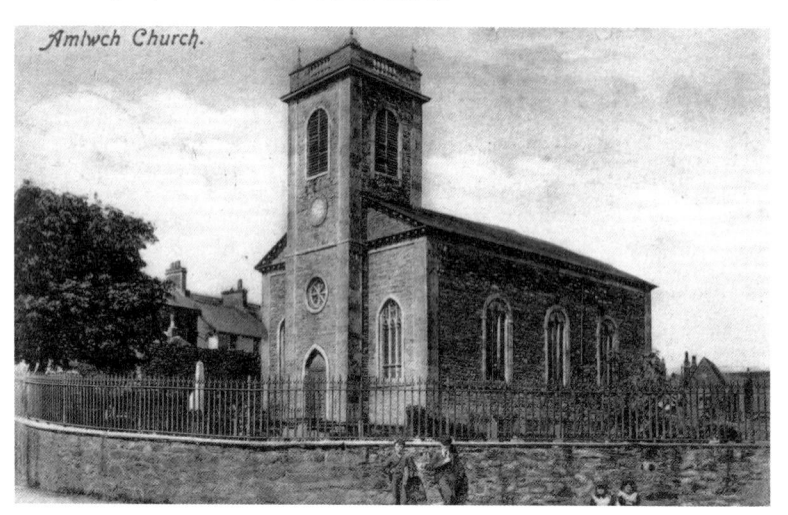

Eglwys Sant Eleth, Amlwch, a gafodd ei adeiladu yn 1800 a chafodd ei waddoli gan Gwmni Mynydd Parys ar uchder y busnes copr. Y pensaer oedd James Wyatt.
St Eleth's church, Amlwch, built in 1800 and endowed by the Parys Mountain Company at the height of the copper boom. The architect was James Wyatt.

Amlwch Port

Cafodd y porthladd bychan yn Amlwch ei ail-adeiladu yn 1793 i ddelio â masnach a gynyrchwyd ynglyn â mwyngladdio copr ar Fynydd Parys. Yn gorwedd i'r gogledd-ddwyrain o Amlwch ei hunan, mae wedi ei ffurfio gan agen gul yn yr arfordir creigiog a caiff ei amddiffyn gan fur môr cadarn. Heddiw, mae llongau pysgota a iotau yn cael eu angori yn y bae bychan hyn, o dan wal uchel y cei ac hen lloft hwyliau.

The little harbour of Amlwch Port was rebuilt in 1793 to deal with traffic generated by copper mining at Parys Mountain. Lying north-east of Amlwch itself, it is formed by a narrow fissure in the rocky coast and protected by a massive sea wall. Today, trawlers and yachts are moored in this small inlet, beneath a deep quayside and an old sail loft.

Y porthladd ger Amlwch. Ar ei big, gallai y porthladd drin â chymaent a deugain o longau wedi eu angori.
The harbour at Amlwch Port. At its peak the port could cope with up to forty vessels at anchor.

Mae'r MV Sant Silio yn cyrraedd Amlwch i ddathlu ei chyrhaeddiad yna.
The MV *St Silio* arrives at Amlwch to a celebration intended to mark her arrival.

Llongau hwyl ym Mhorthladd Amlwch. Byddai'r llongau hyn wedi eu llwytho â chopr o'r mwyngloddiau gerllaw i gael ei allforio, a deuant yn ôl wedi eu llwytho a thybaco a fyddai yn cael ei broseso mewn ffatriau yn Amlwch.
Sailing ships at Amlwch Port. These ships would be loaded with copper from the nearby mines for onward export and would come back loaded with tobacco, which would be processed at Amlwch factories.

Golygfa arall o borthladd Amlwch, gyda llongau hwyl yn aros i gael eu llwytho.
Another view of Amlwch Port, with sailing boats awaiting loading.

Bae Bull, lle gwyliau bychan yn agos i Amlwch. Heddiw, mae yn llawn o gartrefi gwyliau a tai unllawr i'r ymwelwyr, ond oedd unwaith yn orsaf peilot, yn borthladd pysgota a iard llongau.
Bull Bay, a small resort near to Amlwch. Today it is full of holiday homes and bungalows for the tourists, but was once a pilot station, fishing port and shipyard.

Y rhodfa ym Mae Bull, gyda iotau yn y bae ei hunan.
The promenade at Bull Bay, with yachts in the bay itself.

Mae rhai o'r tai gwyliau cyntaf yn cael eu codi yn y darlun hwn o Fae Bull.
Some of the first holiday homes are springing up in this view of Bull Bay.

Y pentref ym Mae Bull, a bythynnod gweithwyr ar y chwith.
The village at Bull Bay, with workers' cottages on the left.

Yr orsaf llong-fywyd ym Mae Bull.
The lifeboat station at Bull Bay.

Chweched • Six

Cymdeithasau Bach
Small Communities

Mae pentrefi a chymdeithasau bach, sydd yn gweini ffermydd, sydd yn rhan bwysig o ddarbodaeth yr ynys, a diwydrwydd teithwyr, wedi eu gwasgaru tros Ynys Môn.
Small villages and communities, serving farms, which are the mainstay of the island's economy, and the tourist industry, are scattered all over Anglesey.

Canolfan pentref Maltraeth. Cafodd y cob gerllaw ei adeiladu yn 1815 i gario ffordd Caergybi, a mae'r rheilffordd yn croesi'r gors fan yma ar fiaduct isel. Daeth Charles Tunnicliffe, yr arlunydd bywyd natur, i fyw yn y pentref yn 1947.

The village centre at Maltraeth. The cob close by was built in 1815 to carry the Holyhead Road, and the railway crosses the marsh here on a low viaduct. Charles Tunnicliffe, the wildlife artist, came to live in the village in 1947.

Capel a siop ym mhentref bychan Bodorgan, sydd yn gorwedd ar lan y môr gyferbyn â Maltraeth.

Chapel and shops in the little village of Bodorgan, which lies on the opposite shore to Maltraeth.

Y bae tywod ym Mae Cêbl, a gaiff ei enw oddiwrth y cêbl teligraff i'r Iwerddon a derfynnodd gerllaw.
The sandy beach at Cable Bay, which gets its name from the telegraph cable to Ireland which terminated close by.

Golygfa gyffredinol o Fae Cêbl.
A general view of Cable Bay.

*Canolfan y pentref a'r cloc yn Rhosneigr. Mae hwn yn un o'r pentrefi gwyliau mwyaf adnabyddus ar Ynys Môn, ond yn y ddeunawfed ganrif yr oedd hon yn ardal
anghyfanneddol iawn ac yn gyrchfa i fobl oedd yn dryllio llongau. Cafodd rhai o'r bobl hyn eu condemnio i farw ym Mrawdlys Beaumaris yn 1741.*
The village centre and clock at Rhosneigr. This is one of the best known holiday villages on Anglesey, but in the eighteenth century this was a desolate area and the haunt of ship-wreckers, some of whom were condemned to death at Beaumaris Assizes in 1741.

Tai mawr yn Heol y Traeth, Rhosneigr.
Large houses in Beach Road, Rhosneigr.

Stryd bennaf Rhosneigr.
The main street in Rhosneigr.

117

Golygfa gyffredinol o'r bae a'r pentref yn Rhosneigr.
A general view of the beach and village at Rhosneigr.

Y swyddfa bost yn Rhosneigr, gyda cheffyl a cherbyd yn myned heibio.
The post office at Rhosneigr, with a horse and carriage passing by.

Golygfa o stryd bennaf pentref Rhosneigr ar droead y ganrif.
A view of the main village street at the turn of the century.

Plant yn ddiweddar yn y cyfnod Victorianaidd gyda dyn sydd yn rheoli ceffyl a thrap yn y stryd bennaf isel yn Rhosneigr.
Children of the late Victorian era pose with a man who is in control of a horse and trap in the lower main street at Rhosneigr.

Bwthyn bychan tu allan Rhosneigr, gyda eglwys Llangwyfan yn y pellter.
A small cottage just outside Rhosneigr, with Llangwyfan church in the distance.

Pentref Rhosneigr fel ei gwelir o bwll y cychod.
The village of Rhosneigr seen from the boat pool.

Melin wynt, o'r enw Felin Isaf, ym mhentre Bryndu.
A windmill, known as Felin Isaf, at Bryndu village.

Pentref Bryndu fel ei gwelir drwy'r coed ac yn groes y nant.
Bryndu village seen through the trees and across the stream.

Gwesty'r Valley ar groesffordd y pentref o'r enw Valley. Mae'r ardal yn cael ei adnabod heddiw am fod gorsaf hyfforddi awyr yr RAF gerllaw.
The Valley Hotel on the crossroads at the village of Valley. The locality is known today for the RAF Air Training station close by.

Y Sgwâr yn Valley.
The Square at Valley.

Railway Station. Valley.

Yr orsaf rheilffordd yn Valley yn ddiweddar yn yr undegnawfed ganrif. Mae'n debyg fod y pentref wedi cael yr enw Valley oddiwrth doriad a wnaeth Thomas Telford pan yn adeiladu Ffordd Caergybi yn 1822.
The railway station at Valley in the late nineteenth century. The name Valley by which the village is known is thought to derive from a cutting made by Thomas Telford during the construction of the Holyhead Road in 1822.

Gwesty'r Valley ar ddiwedd yr undegnawfed ganrif.
The Valley Hotel at the end of the nineteenth century.

Benllech y pentref gwyliau poblogaidd, ar gopa'r tymor gwyliau, gyda bobl ar gefn merlod yn mynd drwy'r pentref.
The popular holiday village of Benllech at the height of the holiday season, with pony riders passing through the village.

Golygfa o Benllech o Rhiw Breeze.
A view of Benllech from Breeze Hill.

Y bae tywodlyd ym Menllech, sydd wedi bod fel magned i filoedd o fobl ar eu gwyliau dros y blynyddau.
The sandy beach at Benllech, a magnet for thousands of holidaymakers over the years.

Golygfa gyffredinol o Fae Benllech, gyda'r bryniau tu ôl.
A general view of Benllech Bay, with the hills behind.

Traeth a rhodfa Benllech yn brysur iawn yn ystod haf yn ddiweddar yn y 1940au. Mae'r pentref wedi bod yn boblogaidd iawn gyda ymwelwyr Saesneg am flynyddoedd, a mae wedi atyniadu llawer o Saeson i ymneilltuo ger lan y môr.
A very busy Benllech beach and promenade during a summer in the late 1940s. The village has been very popular with English visitors for many years, and has also attracted many English people who have wanted to retire to the seaside.

Y Priordy ym Mhenmon. Cafodd yr adeilad hwn ei adeiladu rhwng 1120 ac 1170 a chafodd ei waddoli gan Dywysogion Aberffraw, gan fod yr adeilad cyntaf wedi ei ddistrywio gan y Vikings yn 971.
The Priory at Penmon. This building was constructed between 1120 and 1170 and endowed by the Princes of Aberffraw, the original having been destroyed by the Vikings in 971.

Tŵr y Colomendy, Penmon. Mae ffordd yn arwain o'r fan hyn i draeth cerrig gwyn o le gellir gweld golygfeydd o Gonwy a Llandudno.
The Dovecote Tower, Penmon. A road leads from here to a white pebble beach from where views of Conwy and Llandudno can be seen.

Priordy Penmon yn gorwedd ymhlith y coed. Cafodd y priordy ei sylfaenu yn ystod teyrnasiad Maelgwyn Gwynedd tua AD 547. Mae'n bosibl mae'r sylfaenwr oedd Cynlas, a Gafodd ei ddilyn gan ei frawd Seriol, mynach a oedd yn perthyn i deulu brenhinol Gwynedd. Yn ystod y dair-ar-ddegfed ganrif, ymunodd y mynachod a Order Augustine y Canons Du. Terfynnwyd y mynachlog oddeutu 1537 a daeth yn rhan o Ystâd Bulkeley.

Penmon Priory lying among trees. The priory was founded during the reign of Maelgwyn Gwynedd, c. AD 547. The founder may well have been Cynlas, who was succeeded by his brother Seriol, a monk who was related to the royal family of Gwynedd. During the thirteenth century the monks joined the Augustine Order of 'Black Canons'. The monastery was dissolved in about 1537 and passed to the Bulkeley Estates.

Cofgolofn Marquis Ynys Môn gerllaw Porthaethwy.
The Marquis of Anglesey's Monument near Menai Bridge.

Enw'r orsaf, yn nyddiau'r LMS, yn y pentref gyda'r enw hiraf ym Mhrydain. Yr enw lleol ydyw Llanfairpwll, a mae'n debyg fod yr enw hir wedi dechrau fel pranc yn yr undegnawfed ganrif, ond er hynny mae wedi gwneud y pentref yn enwog iawn. Pan gafodd rheilffordd Caerlleon a Chaergybi ei hagor yn 1848, nid oedd pont Britannia wedi ei gorffen a gorfu i drafaelwyr fynd mewn cerbyd yn groes pont hongiad Menai i ymuno â'r trên i Gaergybi o'r fan yma.
Station nameboard, in LMS days, for the longest village name in Britain. The local name is just Llanfairpwll, and the long name dates from a nineteenth-century hoax which has, however, made the village famous. When the Chester and Holyhead Railway was opened in 1848, the Britannia bridge was not complete and passengers had to travel by coach across the Menai suspension bridge to join the train to Holyhead from here.

Stryd y pentref yn Llanfairpwll, gyda bugail lleol yn dilyn ei ddefaid drwy y pentref.
The village street at Llanfairpwll, with a local shepherd bringing his flock of sheep through the village.

Y bont fach gerrig dros yr afon fechan Lleiniog yn Llangoed, gyda'r pentref yn codi ar y bryn tu hwnt.
The little stone bridge over the tiny River Lleiniog at Llangoed, with the village rising on the hill beyond.

Teras Mona, Llangoed, gyda rhai o fobl yr ardal yn y pictwr.
Mona Terrace, Llangoed, with some of the locals in the picture.

Teras Marine, Penysarn. Mae'r pentref yn agos i'r môr a gerllaw Amlwch.
Marine Terrace, Penysarn. The village is close to the sea and near Amlwch.

'Rallt, Penysarn, gyda llinellau o fythynnod cerrig.
'Rallt, Penysarn, lined with stone-built cottages.

Y Sgwâr, Penysarn, gyda siopau. Nid ydyw'r pentref wedi ei oresgyn gan deithwyr oherwydd ei fod dipyn o ffordd o heol Amlwch.
The Square at Penysarn, complete with shops. The village has not been invaded by tourists as it lies a little way off the Amlwch road.

Golygfa gyffredin o Fae Cemaes. Cyn tyfodd Amlwch yn ystod y chwyldro diwydiannol, Cemaes oedd y porthladd pennaf ar gyfer arfordir gogleddol Ynys Môn ac oedd yn ganolfan i bysgota, adeiladu llongau a smyglo. Yn yr hen amser, 'roedd Cemaes yn un o brif ganolfannau gweinyddol yr ynys.
A general view of Cemaes Bay. Before the growth of Amlwch during the Industrial Revolution, Cemaes was the main port for Anglesey's north coast and a centre for fishing, shipbuilding and smuggling. In medieval times Cemaes was one of the main administrative centres for the island.

Golygfa o borthladd a phentref Cemaes o'r môr.
A view from the sea of the habour and village at Cemaes.

Bae Cemaes. Mae'r pentref yn dal i fod yn le atyniadol ac yn boblogaidd gan ymwelwyr.
The bay at Cemaes. The village is still an attractive place and popular with visitors.

Traeth Cemaes, sydd ar y pen dwyrain o'r pentref.
The beach at Cemaes, which is situated at the eastern end of the village.

Stryd y bont, Cemaes, yn ddiweddar yn y cyfnod Victorianaidd. Mae rhai o blant yr ardal yn sefyll ar gornel y stryd.
Bridge Street, Cemaes, in the late Victorian period. Local children are posed at the corner of the street.

Pentref Cemaes fel ei gwelir o'r bont.
The village of Cemaes seen from the bridge.

Cabanau ymdrochi, nodwedd bwysig o gyrchfannau lan y môr Victorianaidd gwylaidd, wedi eu parcio ar ymyl y traeth yng Nghemaes.
Bathing huts, an important feature of 'modest' Victorian seaside resorts, are parked at the edge of the beach at Cemaes.

Cychod hwylio ar ymyl y dŵr, Bae Cemaes.
Sailing boats at the water's edge, Cemaes Bay.

Pentref Moelfre gyda'i borthladd bychan.
The village of Moelfre with its little harbour.

Glan y môr ym Moelfre gyda'r pentref yn y cefndir.
The shore at Moelfre with the village in the background.

142

Cei Moelfre a'r pentref, gyda cychod yn y porthladd bychan. Mae'r pentref mewn bodolaeth oherwydd y môr, a mae ganddo hanes ystormus. Mae'r lan y môr wedi gweled llawer i longddrylliad, gyda'r 2,700 tonne Royal Charter *a oedd yn myned tuag at Lerpwl o feusydd aur Awstralia ym mis Hydref 1859 yn un o'r rhai mwyaf enwog. Gwnaeth môr ystormus atal llong fywyd gael ei gwthio i'r môr, ac ymddrilliodd y llong ar y creigiau. Collodd dros 450 o deithwyr a chriw eu bywydau a gwasgarwyd aur o werth tua £370,000 yn y môr. Distrywiodd yr un dymestl rhyw 200 o longau a llawer o fywydau. Daeth Charles Dickens i'r pentref rhyw ddau fis yn ddiweddarach i ohebu am y drychineb.*

Moelfre quay and village, with boats in the little harbour. The village owes its existence to the sea and has a stormy history. The shore has seen many shipwrecks, the most famous being the wreck of the 2,700 tonne *Royal Charter*, which was bound for Liverpool from the goldfields of Australia in October 1859. Heavy seas prevented the launch of the lifeboat and the ship foundered on the rocks. Over 450 passengers and crew lost their lives and some £370,000 worth of gold was scattered in the sea. The same gale destroyed some 200 ships with great loss of life. Charles Dickens came to the village some two months later to report on the tragedy.

Yr arfordir creigiog ym Mae Moelfre, gyda cwch peilot ar y môr. Can mlynedd wedi llongdrylliad y Royal Charter, cafodd y 500 tonne llong arfordir, Hindlea, ei llongdryllio mewn moroedd garw ym mis Hydref 1959. Achubwyd wyth o'r criw mewn moroedd dramatig. Mae gan Moelfre long-fywyd brysur o hyd, a'r orsaf hon yw'r un fwyaf enwog yng Nghymru, gan ei bod wedi achub cannoedd o fywydau a wedi ennill llawer o ddyfarniadau am ddewrder.

The rocky coastline at Moelfre, with a pilot boat on the sea. One hundred years after the wreck of the *Royal Charter*, the 500 tonne coaster, Hindlea, was wrecked in rough seas in October 1959. Eight crew members were saved in what was a dramatic rescue. Moelfre still has a very active lifeboat, the station being the most famous in Wales having saved hundreds of lives and won many awards for bravery.

Golygfa lawer mwy tawel o draeth a phentref Moelfre.
A much quieter view of the beach and village at Moelfre.

Y traeth a bythynnod ar lan y cei ym Moelfre, gyda nifer o gychod ar lan y môr.
The beach and quayside cottages at Moelfre, with a few boats on the shore.

Y rheilffordd o'r Holland Arms i Benllech oedd y diwethaf i gael ei adeiladu ar Ynys Môn a chafodd ei agor yn 1908. Nid oedd yn llwyddianus iawn, fe gaeth ei chau i drafaelwyr yn 1930 a chafodd ei chau yn hollol yn 1950. Yn y llun hwn, mae gweithwyr y rheilffordd yn cyrraedd tir y Ceint Halt ar drên y gweithwyr. Mae'r hen reilffordd wedi mynd yn hollol erbyn hyn, a mae'r tir wedi mynd yn ôl i ffermwyr yr ardal.

The Holland Arms to Benllech railway line was the last to be built on Anglesey and was opened in 1908. It was not very successful, closed to passengers in 1930 and was gone altogether by 1950. In this view, the railway workers are arriving at the site of Ceint Halt on the contractors train. The old railway line has now totally disappeared, the land having been absorbed into local farms.

Stryd hir y pentref yn Newborough. Cymerodd y pentref ei enw pan gafodd ei sylfaenu fel 'borough' newydd yn yr 'hundred' o Rhosyr i roddi cartrefi i drigolion Llanfaes a oedd wedi cael eu gyrru allan yn 1303 wedi castell Beaumaris gael ei adeiladu. Daeth y dref yn llwyddianus iawn yn ystod yr amser canoloesol, ond fe gwympodd ar amserau caled yn y bedwerydd-ar-ddeg ganrif pan gafodd llawer o dai eu claddu mewn tywod symudol gan dymhestlau ofnadwy. Yn ystod teyrnasiad Elizabeth I, daeth disgynnydd o'r teulu Tudor o Benmynydd ger Llangefni mewn a cyfraeth i ddiogelu porfa 'marram', gan fod ei wreiddiau yn helpu i gadw tywod yn sefydlog. Yr oedd y porfa yn cael ei ddefnyddio ar gyfer gweu, a byddai'r cynnyrch, matiau a covers tas wair, yn cael eu gwerthu gan siopwyr yr ardal.

The long village street at Newborough. The village took its name when founded as the 'new borough' in the 'hundred' of Rhosyr to house the inhabitants of Llanfaes who had been evicted in 1303 after the building of Beaumaris castle. The town became very prosperous during the medieval period, but fell on hard times in the fourteenth century when a series of disastrous storms buried dwellings in the shifting sands. In the reign of Elizabeth I, a descendant of the Tudor family of Penmynydd near Llangefni brought in laws to protect marram grass, the roots of which stabilized the shifting sands. The grass was used for weaving and the products, mats and haystack covers, were sold by local shopkeepers.

Y goleudy yn Newborough. Cafodd ei adeiladu yn 1845 i gymeryd lle beacon aneffeithiol. Cafodd y goleudy ei adeiladu ym modd melinau gwynt yr ardal, ond nid yw yn cael ei ddefnyddio yn rhagor.
The lighthouse at Newborough, built in 1845 to replace an ineffective beacon. The lighthouse was built in the style of local windmills and is now out of use.

Gerddi ar dir Baron Hill, yn eistedd tu allan Newborough.
The gardens of Baron Hill grounds, situated just outside Newborough.

Y goleudy ar Ynys Llandwyn, ger Newborough.
The lighthouse on Llandwyn Island, near Newborough.

Pictwr o Fae Trearddur o'r awyr. Mae'r bae yn eistedd ar y rhan ganol gul o Holy Island a nid yw ym mhell o Gaergybi. Tai unllawr a chartrefi gwyliau wedi eu adeiladu rhwng 1930 a 1970 yw y rhan fwyaf o'r tai ym Mae Trearddur.

A picture of Trearddur Bay from the air. The bay is situated on the narrow central section of Holy Island and is not far from Holyhead. Most of the accommodation in Trearddur Bay is made up of bungalows and holiday homes built between 1930 and 1970.

Y traeth ym Mae Trearddur, gyda cartrefi gwyliau modern yn y cefndir.
The beach at Trearddur Bay, with modern holiday homes in the background.

Golygfa arall o draeth Bae Trearddur.
Another view of the beach at Trearddur Bay.

Canolfan pentref Llanerchymedd. Dipyn o amser yn ôl, 'roedd y pentref yn dref marchnad weddol bwysig ac yn ganolfan diwydiant crefft fel gweithio clocsau a phrintio. Tref Llangefni yw y dref farchnad yn awr yn lle Llanerchymedd, ond mae'r pentref yn weddol brysur er hynny.

The village centre of Llanerchymedd. The village was once an important market town and centre of craft indutries such as clog making and printing. The town of Llangefni has taken the market town rôle from Llanerchymedd, but the village is still quite busy.

Stryd bennaf y pentref, Llanerchymedd.
The village High Street, Llanerchymedd.

Glyn Garth, ger dŵr Afon Menai.
Glyn Garth, on the shore of the Menai Strait.

Parciau, Marianglas.
The park at Marianglas.

Bwlch Gwyn, Ty'nygongl.
Bwlch Gwyn, Ty'nygongl.

Y capel ym mhentref Llanfaethlu.
The chapel in the village of Llanfaethlu.

Y tŷ coffi yn Llanfaethlu.
The coffee house at Llanfaethlu.

Pentref Llanfaelog, gyda coed y rheithordy ar y dde.
The village of Llanfaelog, with the rectory woods on the right.

Gwesty Gwalchmai ym mhentref Gwalchmai.
The Gwalchmai Hotel in the village of Gwalchmai.

Yr heol bennaf trwy bentref Bryngwran, un o lawer o bentrefi bychan sydd wedi codi wedi i Ffordd Gaergybi gael ei hadeiladu.
The main road through the village of Bryngwran, one of the many small villages that have grown up since the main Holyhead Road was built.

Golygfa o'r awyr o bentref Tŷ-Croes.
A panoramic view of the village of Ty-Croes.

Siop y pentref yn Rhoscolyn, sydd yn sefyll ger y pen deheuol o Holy Island.
The village shop at Rhoscolyn, which is situated on the southern end of Holy Island.

Y gefail ym Mryn Teg. Mae'n debyg wrth y darlun yma fod gan y gof ddigon o gwsmeriaid.
The smithy and forge at Bryn Teg. The blacksmith seems to have plenty of customers in this view.

Golygfa gyffredinol o stryd bennaf y pentref yn Newborough.
A general view of the main village street at Newborough.

Diolchiadau
Acknowledgements

Mae Jim Roberts o Landudno wedi bod yn garedig iawn i roddi benthyg y lluniau sydd yn y llyfr hwn, ac yr wyf am roddi fy niolchgarwch diffuant i Mr Roberts am ei gymorth yn y gwaith ac am ei amynedd pa bryd bynnag y gafodd ei boeni gan myfi ar amserau, ambell dro, nad oedd yn gyfleus iawn. Heb ei gymorth, byddai wedi bod yn lawer iawn mwy anodd i gyflawni y gwaith hwn ac arall.

The photographs used in this book have been generously supplied by Mr Jim Roberts of Llandudno, and I should like to record my grateful thanks to Mr Roberts for his assistance in this project and for his patience whenever I have pestered him at, sometimes, very inconvenient times. Without his help, this and other projects would have been so much more difficult to accomplish.